NÉCROLOGIE

M. L'ABBÉ LECOMTE

DIRECTEUR

AU COUVENT DE PORTIEUX

SAINT-DIÉ

TYPOGRAPHIE ET LITHOGRAPHIE L. HUMBERT

NÉCROLOGIE

M. L'ABBÉ LECOMTE

DIRECTEUR

AU COUVENT DE PORTIEUX

SAINT-DIÉ

TYPOGRAPHIE ET LITHOGRAPHIE L. HUMBERT

NÉCROLOGIE

M. L'ABBÉ LECOMTE

DIRECTEUR AU COUVENT DE PORTIEUX [1]

Dans ce beau livre de l'*Introduction à la vie dévote,*
qui esquisse à grands traits le tableau de la vie chrétienne
en ce pauvre monde, saint François de Sales nous révèle
d'un seul coup de pinceau, et, comme toujours, sous une
gracieuse image, le principal secret de l'esprit de conduite
à l'usage des âmes pieuses :

« En toute affaire, dit-il, appuyez-vous totalement sur la
« Providence de Dieu... Faites comme les petits enfants
« qui se tiennent de l'une des mains à leur père, et de
« l'autre cueillent des fraises le long des haies. De même,
« maniant les biens de ce monde de l'une de vos mains,
« tenez toujours de l'autre la main du Père céleste, vous

[1] M. l'abbé Jean-Joseph Lecomte, né à Corcieux le 11 décembre 1827,
ordonné le 14 juin 1851, fut nommé vicaire de Raon-l'Etape le 16 août 1851,
et directeur au couvent de Portieux en 1856, où il est décédé le 8 février 1890.

« retournant de temps en temps à lui, pour voir s'il a pour
« agréable votre petit ménage et vos occupations... »

Personne ne comprit mieux et ne pratiqua plus fidèle-
ment ce conseil que M. l'abbé Lecomte, qui s'abandonna
entièrement, avec une confiance d'enfant, à la conduite de
Providence.

Il ne faisait, du reste, que suivre l'exemple et les leçons
de sa mère, chrétienne de vieille roche, qui avait versé
goutte à goutte, dans cette jeune âme, l'amour de Dieu et le
respect du prêtre. C'était l'incliner vers l'autel : aussi prit-il
tout naturellement le chemin du séminaire, où sa piété
s'épanouit à l'aise.

Mais la mort vint bientôt lui ravir son père ; et, comme
toujours, en mettant un crêpe à sa vie, elle le mûrit avant
l'âge. De là cette maturité précoce que ses condisciples ca-
ractérisèrent d'un mot : ils l'appelaient le *Père le Poids*,
tellement le jeune homme pesait déjà ses paroles et ses
démarches ! *Cùm esset junior in tribu Nephthali, nihil
tamen puerile gessit in opere.* (Tobie).

Ce qui n'ôtait rien à l'amabilité de son commerce. D'un
caractère doux et facile, plein de prévenance et de condes-
cendance, Joseph ne comptait que des amis et chez tous
l'amitié se doublait volontiers d'un sentiment respectueux.
C'était déjà le rayonnement du séminariste modèle. Et il
restera modèle toute sa vie, parce que toute sa vie il restera
séminariste, le serviteur, — je ne dis pas assez, — l'esclave
de la règle.

La règle, pour lui, c'était la main de Dieu, à laquelle il
s'était attaché comme l'enfant qui marche aux côtés de son
père. *Qui regulæ vivit, Deo vivit*, disait-il après saint Ber-
nard. Avant de quitter la sainte maison, il s'était imposé un
réglement qui fit de toute sa vie le prolongement du séminaire ; car on peut affirmer qu'il y coula scrupuleusement

chacune de ses journées de vicaire d'abord, puis d'aumônier, sans se relâcher jamais. Tel est le secret du degré de perfection si rare auquel il s'éleva; telle fut la source où il puisa le parfum de sainteté qui s'exhalait de sa personne.

Son règlement ne protégeait pas seulement la piété du prêtre, mais aussi les habitudes studieuses du travailleur, en lui ménageant des heures régulières. Dès l'année 1849, il obtenait à Strasbourg son diplôme de bachelier ès-lettres. Vicaire à Raon-l'Etape, il continue à partager son temps entre le ministère et l'étude.

On songea même à lui ouvrir la carrière de l'enseignement. En 1852, quand il fut question de fonder le collège de Rambervillers, son nom revint plus d'une fois dans les négociations d'alors. Nous n'avons pas à dire ici comment ce fut M. Morel qui prit la direction de l'établissement, et non pas lui.

En 1856, il est nommé directeur dans la communauté de la maison-mère de Portieux.

Sa voie est trouvée. Nous avons vu qu'il y était merveilleusement préparé ; aussi marche-t-il désormais d'un pas sûr : c'est l'*operarium inconfusibilem* de saint Paul, travaillant à la vigne du Seigneur et défiant l'ennemi du salut de le *confondre* dans la moindre de ses œuvres.

Ah! c'est que si la mission de diriger ces âmes de choix que Dieu appelle à la vie religieuse, de les conduire sûrement à cette perfection particulière des conseils évangéliques, est une mission noble entre toutes, elle entraîne de grandes responsabilités et requiert des aptitudes, des vertus spéciales.

M. l'abbé Lecomte l'avait bien compris, et pour mieux se pénétrer de l'esprit religieux dont il devait remplir ces âmes, il commença par s'imposer à lui-même tous les devoirs particuliers que peut ajouter aux exercices du prêtre la vie du religieux le plus fervent, le plus exemplaire.

On dit qu'il n'y a pas de grand homme pour son valet de chambre ; mais ceux qui ont le plus vénéré M. Lecomte sont précisément ceux qui l'ont approché de plus près. C'est que ses confrères et les religieuses, témoins habituels de la trame de sa vie, savent quelle fut son austère régularité dans ses exercices spirituels et les diverses fonctions de son ministère, son respect scrupuleux pour toutes les observances de la sainte liturgie, comme de la règle et des coutumes de l'Institut, dont il connaissait les moindres détails, et qu'il relisait néanmoins presque chaque jour.

Et ce n'était pas le fait d'un esprit curieux, chez lui, mais une manifestation de cette foi vive, pratique, éclairée, aux yeux de laquelle il n'y a rien de petit quand il s'agit du service de Dieu et du salut des âmes.

« *La piété est utile à tout,* dit l'Apôtre, *elle a les promes-* « *ses du temps et de l'éternité.* » M. Lecomte en est un bel exemple, car au fond, toute sa vie se résume en ces deux mots : il fut pieux, mais d'une piété qui jaillissait de sa foi comme une eau vive et fécondait toute sa vie, informant jusqu'aux moindres actions et leur donnant une valeur qu'elles n'ont pas chez les autres, se manifestant dans l'oraison par une sainte ferveur, dans l'étude par la pensée du devoir, dans le ministère par un zèle prudent, dans ses relations par une dignité pleine de tact et de délicatesse, dans la conversation par la réserve et la charité, dans toute sa conduite par ce respect de l'autorité, cette déférence pour le sentiment d'autrui, cet oubli de soi-même qui se traduisait par une abnégation continuelle, une impersonnalité touchante, et lui faisait toujours chercher l'ombre ou les situations effacées.

« Eh ! qu'on soit aigle, colombe ou passereau, qu'im-
« porte, pourvu qu'on ait deux ailes pour retirer ses pattes
« de la boue du monde, s'écrie le saint curé d'Ars ! » M.
Lecomte avait ces deux ailes, la piété et la mortification, la
prière et la retraite.

Hâtons-nous de l'ajouter, la retraite qu'il affectionnait
était celle d'un sage et non d'un misanthrope : elle conve-
nait à la simplicité de ses goûts et à la sincérité de sa mo-
destie, en fermant la porte aux bruits du monde pour l'ouvrir aux douceurs de l'amitié, cette consolatrice du prêtre
aux jours d'épreuve. Or, M. Lecomte eut sa part d'épreuve
comme toutes les âmes prédestinées.

La plus cruelle fut la mort de sa sœur dont il porta le
deuil jusqu'à la fin. Il y a deux ans qu'elle le précédait en
lui disant : « A bientôt ! »

« — Dans deux ans, disait-il, je l'espère. » Dieu l'a
exaucé.

Depuis quelques jours déjà il luttait contre les pre-
mières atteintes de l'*influenza*, et quand il dut s'aliter, le
24 janvier, le mal avait pris les allures d'une congestion
générale.

Le malade réclama les consolations suprêmes de la
religion qu'il reçut des mains de M. l'abbé Chevelle, Assis-
tant du Supérieur de la Providence, en présence des sœurs
en larmes. Le vénéré directeur voulut renouveler solennel-
lement ses promesses cléricales et fit le sacrifice de sa vie
en termes touchants.

Ni les prières des religieuses, ni les efforts de la Faculté
ne purent le sauver.

Le 8 février, à 8 heures du matin, il s'endormait dou-
cement dans le Seigneur. Sa sœur, religieuse de la Providence, lui ferma les yeux.

La paroisse mêla ses larmes aux larmes de la commu-

nauté, et sa mort prit les proportions d'un deuil public.
C'est à la mort qu'on juge la taille d'un homme : elle ra-
baisse les uns et grandit les autres.

Nous savions que M. Lecomte dépassait de la tête les
prêtres ordinaires. Les funérailles, qui eurent lieu le 10 février, accentuèrent encore la note.

M. l'abbé Brenier, chanoine honoraire, curé d'Epinal,
présidait ; trente prêtres parmi lesquels nous remarquons
MM. les chanoines Detté et Gand, supérieurs des petits sé-
minaires d'Autrey et de Chatel-sur-Moselle, M. le Curé-
doyen de Charmes, M. le Curé de Contrexéville, le R. P.
Peltier, etc., lui formaient une couronne digne de lui ; une
foule nombreuse accourue de Charmes et des environs rem-
plissait la chapelle du couvent qui se trouva insuffisante.

Après la messe, chantée par M. le Curé de Portieux, l'on
prit ce chemin du cimetière qui lui était devenu si familier
depuis deux ans.....

La paroisse ouvrait la marche dans l'ordre des proces-
sions avec les diverses bannières ; puis venait le cercueil
porté par les serviteurs du Couvent, précédé des prêtres en
habit de chœur et suivi de 300 religieuses en corps, — cor-
tège imposant ! Marche véritablement triomphale ! — Les
cordons du poêle étaient tenus par MM. Xavier Mougin,
conseiller général, député des Vosges, Marchal, conseiller
d'arrondissement, maire de Portieux, C. Queuche et Alte-
mayer, ex-chef de gare.

Il a été fidèle au rendez-vous et repose près de sa sœur en
attendant la Résurrection qui sera le triomphe des humbles.

La régularité, qui a fait de sa vie une ligne droite, n'of-
fre rien à glaner au biographe, mais beaucoup au chrétien.
Sa vie n'est donc pas à faire, mais son souvenir vaut à
garder, comme un encouragement pour les uns, une leçon
pour les autres, un bien pour tous.

« Il nous lègue ses grands exemples de foi, de piété, de
« régularité, de fidélité aux pratiques de la vie religieuse,
« dont il portait si haut la grandeur dans son estime et son
« affection, et qu'il rehaussait en sa personne de toute la
« beauté des vertus sacerdotales.

« Souvenez-vous de ses conseils et de son attachement à
« l'esprit de notre vénéré fondateur, dans la pratique de la
« simplicité et de la vie intérieure (1). »

CH. PIERFITTE, *Curé de Portieux.*

(1) Circulaire du 8 février 1890, aux Sœurs de la Congrégation de la
Providence.